Chelsea Monroe-Cassel

Rezepte aus dem Auenland

Das Halblings-Kochbuch

Zauberfeder Verlag, Braunschweig, Germany

Chelsea Monroe-Cassel
Rezepte aus dem Auenland – Das Halblings-Kochbuch

3. Auflage 2026

Text: Chelsea Monroe-Cassel
Übersetzung: Diana Bürgel, Stephan Naguschewski
Redaktion: Lisa Immel
Lektorat: Stephan Naguschewski
Fotos und Illustration: Chelsea Monroe-Cassel, mit Ausnahme der unter Einzelbildnachweise genannten
Art Direktion: Christian Schmal
Satz und Layout: Christian Schmal, Heike Philipp
Verlag: Zauberfeder GmbH, Witzlebenstr. 2, 38116 Braunschweig, Deutschland, info@zauberfeder.de
Druck und Bindung: Dardedze hologrāfija SIA, Riga

Einzelbildnachweise
Smileus (Adobe Stock), Seite 5 • perikatipole (Adobe Stock), Seiten 6–7 • Alekss (Adobe Stock), Seite 8 • Romolo Tavani (Adobe Stock), Seite 16 • sebra (Adobe Stock), Seite 38 • Mikhaylovskiy (Adobe Stock), Seite 52 • exclusive-design (Adobe Stock), Seite 64 • Peera (Adobe Stock), Seite 76 • tomertu (Adobe Stock), Seite 90 • Johanna Mühlbauer (Adobe Stock), Seite 99 (Hintergrund) • Beautyness (Adobe Stock), Seite 110.

Printed in Latvia
ISBN: 978-3-96481-024-3
www.zauberfeder.de

REZEPTE AUS DEM AUENLAND

DAS HALBLINGS-KOCHBUCH

*Für meine Eltern,
die mich mit einer großen Liebe zu phantastischen Welten ausgestattet haben, mich in der Regel auch nach der Schlafenszeit mit der Taschenlampe unter der Bettdecke lesen ließen und mir sogar fast immer den desaströsen Zustand meiner Küche verzeihen ...*

INHALT

Über die Autorin

Chelsea ist in einer ländlichen Gegend im Bundesstaat New York umgeben von Kühen aufgewachsen, weshalb sie schon früh eine Vorliebe für kleine Farmen entwickelte. Ihre wahre Liebe allerdings fand sie, als sie ein Jahr in der Türkei verbrachte, wo in ihr eine Leidenschaft sowohl für Kulinarisches als auch für Geschichte geweckt wurde. Als Künstlerin und Fantasyfan hat sie eine große Vorliebe für fremde Sprachen, Schatzjagden und alles, was mit Honig zu tun hat. Wie ihre bevorzugte Literatur ist auch ihr eigenes Werk ein Zusammenspiel von Vorstellungskraft und historischen Nachforschungen. Sie hat sich darauf spezialisiert, fantastische Welten mittels ihrer Kochkreationen, Fotografie, Kunst und digitalen Medien zum Leben zu erwecken. Zurzeit lebt sie mit ihrem Mann, ihren beiden Kindern und einer Reihe von Haustieren in einem alten Haus in Vermont.

Vorwort

Die besten Kochbücher erzählen Geschichten, und die Geschichte dieses Buches beginnt mit einem Kästchen voller handschriftlicher Notizen, das ich im Keller meiner Wohnung fand. Bei näherem Hinsehen stellte sich heraus, dass es sich um eine ungewöhnliche Rezeptsammlung handelte, die anmutete, als habe sie ein Halbling höchstpersönlich geschrieben. Diesen Schatz habe ich hier und da ein wenig modernisiert, kommentiert und in Buchform gebracht, um ihn mit Euch zu teilen.

Ihr könnt dieses Werk einfach wie ein ganz normales Kochbuch verwenden. Wer aber nach mehr sucht, der wird es finden, zum Beispiel in Form von Weisheiten für ein besseres Leben: Pflege deine Freundschaften. Sei großzügig. Heiße unerwarteten Besuch stets willkommen. Sei nicht hastig. Säe zur rechten Zeit. Erzähle Geschichten. Begegne den Bäumen mit Höflichkeit. Und bewahre immer die Hoffnung.

Wenn ich in diesen Notizen blättere, die Gerichte koche und ihrem Duft und Geschmack nachspüre, dann fühle ich mich in eine Fantasiewelt versetzt, in der kleine, fröhliche Gerne-Esser irgendwo in einem abgeschiedenen Teil des Landes leben, weit fort von der Hektik des modernen Lebens. Und dann stelle ich mir gern vor, dass diese Version unserer Welt wirklich existiert.

Chelsea

HINWEIS: ALLE OFENTEMPERATURANGABEN BEZIEHEN SICH AUF OBER- UND UNTERHITZE

Frühstück

herzhaft

Nach den Rezepten dieses Abschnitts zu urteilen, scheint das „erste Frühstück" eine herzhafte Angelegenheit gewesen zu sein, um den Tag mit Schwung zu beginnen.

Es überrascht mich selbst, aber irgendwie gefällt mir die Vorstellung eines ersten Frühstücks ganz gut …

Haferkekse

ERGIBT **ETWA EIN DUTZEND KLEINE KEKSE** · VORBEREITUNG: **5 MINUTEN** · ZUBEREITUNG: **30 MINUTEN**

Mithilfe dieses Rezepts bekommt man knusprige kleine Kekse, die zwar eher schlicht, aber äußerst verlockend sind. Mit etwas Käse und ein paar Essiggurken sind sie perfekt für einen kleinen Imbiss.

ZUTATEN

60 g Allzweckmehl
75 g Haferflocken
1 TL Backpulver
1 Prise Salz
3 EL Butter, geschmolzen
2 EL Schmalz oder ausgelassenes Schweinefett
warmes Wasser zum Kneten
Mehl zum Ausrollen

Den Ofen auf 150 °C vorheizen. In einer Schüssel alle trockenen Zutaten mischen, dann eine kleine Kuhle in die Mitte drücken. Butter und Schmalz hineingießen und alles vermengen, bis ein krümeliger Teig entstanden ist. Nach und nach warmes Wasser dazugeben, immer nur ein bisschen, bis sich der Teig gut formen lässt.

Den Teig auf einer leicht bemehlten Arbeitsfläche 3 Millimeter dick ausrollen. Man kann die Kekse entweder zu Dreiecken schneiden oder mit einem Ausstechförmchen oder einem Glas andere Formen ausstechen. Kekse auf ein Backblech legen und 30 Minuten lang backen.

Noch ofenwarm genießen oder in einer luftdichten Dose aufbewahren.

POCHIERTE EIER IN BRATENSOSSE

ERGIBT **4–6 PORTIONEN** · VORBEREITUNG: **10 MINUTEN** · ZUBEREITUNG: **30 MINUTEN**

Was könnte besser sein als fleischige Bratensoße am Morgen? Na klar, ein paar Eier, die in eben dieser Bratensoße pochiert wurden! Und das alles auf einer Scheibe Toast serviert, für einen herzhaften und wunderbaren Start in den Tag.

ZUTATEN

- 4-6 Scheiben Brot
- 1 EL Butter
- 220 g Wurstbrät vom Metzger oder gehackte Hähnchenreste
- 30 g Mehl
- 120 ml Milch
- 480 ml Fleischbrühe
- 4-6 Eier
- Salz, Pfeffer

Brotscheiben toasten und auf Teller legen. Butter in einer tiefen Pfanne schmelzen und das Brät darin braten, bis es braun und krümelig ist. Mehl einstreuen und 1 Minute unterrühren.

Milch und die Hälfte der Brühe dazugießen. Bei mittlerer Hitze unter ständigem Rühren eindicken lassen. Wenn die Mischung nach ein paar Minuten ein wenig eingedickt ist, vorsichtig ein Ei aufschlagen und in die Mitte der Pfanne gleiten lassen. Das Ei ohne zu rühren garen lassen, bis das Eiweiß am Boden der Pfanne weiß und fest zu werden beginnt, was nach etwa 1 Minute der Fall sein sollte. Dann vorsichtig 1 weitere Minute lang die Fleischsoße über das Ei löffeln.

Das gekochte Ei mit einem großen Löffel aus der Pfanne heben und auf eine der Brotscheiben legen. Ein bisschen Fleischsoße darum herum geben, nach Geschmack mit Pfeffer und Salz würzen und servieren! Da man mit jedem Ei auch Fleischsoße aus der Pfanne holt, muss man die verbliebene Soße vielleicht mit etwas von der restlichen Fleischbrühe auffüllen. Die Brühe dabei jedes Mal gut unterrühren.

Rustikale Würstchen

REICHT FÜR **4 PERSONEN** · VORBEREITUNG: **10 MINUTEN** · ZUBEREITUNG: **30 MINUTEN**

ZUTATEN

450 g Schweinefleisch
450 g mageres Kalbfleisch
450 g Rindertalg, gerieben
160 g Paniermehl
je ½ TL Muskat und Muskatblüte
6 Salbeiblätter, gehackt
1 TL Pfeffer
2 TL Salz
je TL ½ Bohnenkraut oder Thymian und Majoran
120 g Mehl
120 ml Öl

Diese von Hand geformten Würstchen haben keine Haut und passen hervorragend zu einem herzhaften Frühstück. Sie sind kräftig im Geschmack und nach dem Braten von außen perfekt knusprig.

Schweine- und Kalbfleisch durch den Fleischwolf drehen und mit dem Rindertalg, dem Paniermehl, den Kräutern und den Gewürzen vermengen. Alles mit der Hand gründlich durchmischen. Dann jeweils eine kleine Handvoll Fleischmasse herausnehmen und zu einem etwas abgeflachten Würstchen formen. Würstchen in Mehl wälzen und bei mittlerer Hitze im Öl goldbraun braten. Dabei einmal wenden. Die Würstchen auf einen mit Küchenpapier belegten Teller geben und abtropfen lassen. Warm servieren.

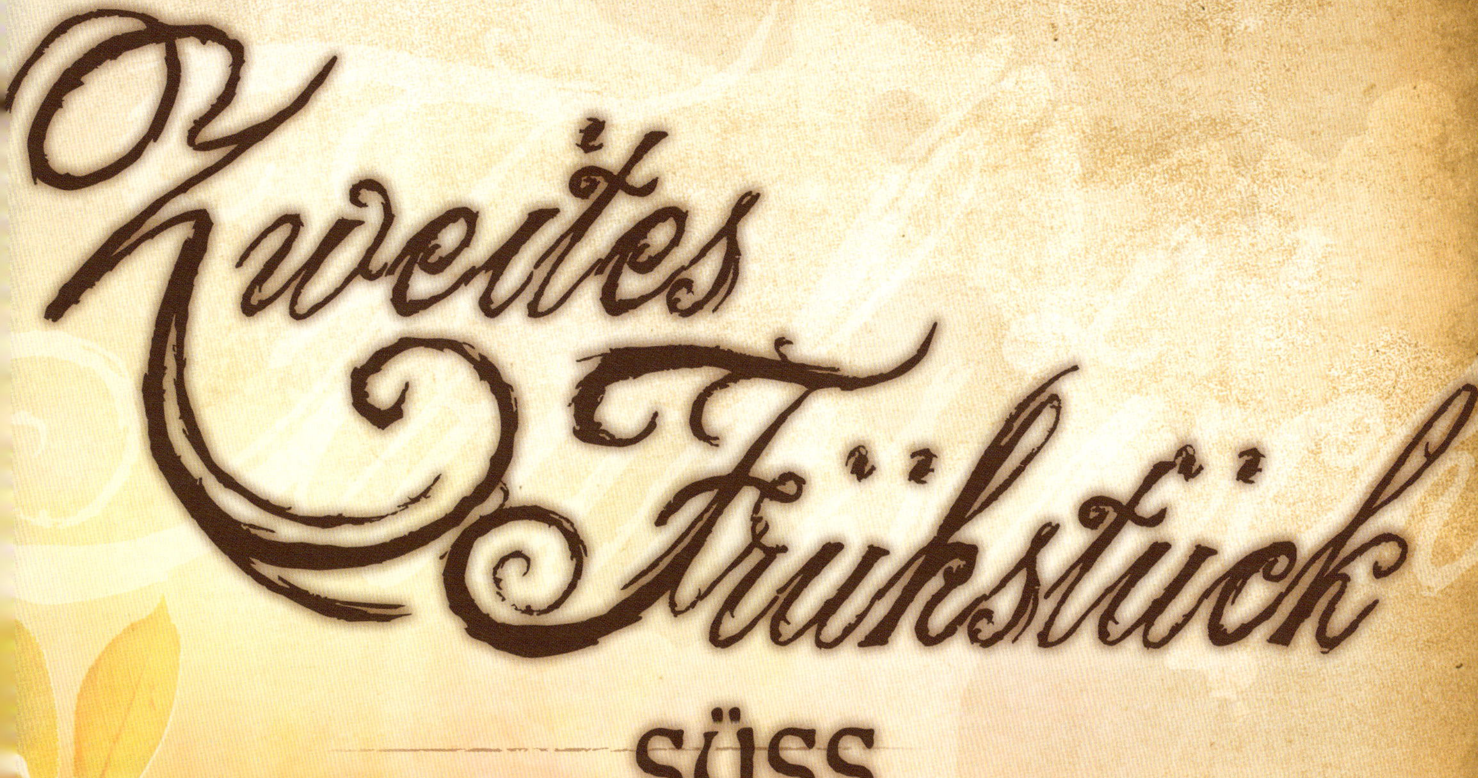

Zweites Frühstück

süss

Das „zweite Frühstück“ ist eine Art Nachtisch für die erste Runde. Es besteht aus süßen Gerichten und wird von frischen Früchten begleitet. Denn das erste Frühstück ist ja keineswegs genug, um erfolgreich in den Tag zu starten!

Übernacht-Porridge

REICHT FÜR **2–4 PERSONEN** · VORBEREITUNG: **5 MINUTEN**
EINWEICHEN: **ETWA 8 STUNDEN** · ZUBEREITUNG: **5 MINUTEN**

Eine recht zeitsparende Methode, um aus Haferflocken ein cremiges und stärkendes Frühstück zu machen. Perfekt für spontanen Besuch, den lebhaften Familienalltag oder einfach, wenn man weiß, dass am nächsten Morgen die Zeit knapp ist.

ZUTATEN

- 1 l Wasser
- 160 g Haferschrot
- 120 ml Milch
- 1 Apfel, entkernt und gerieben
- 1 EL Apfelessig
- Butter
- Marmelade oder andere Toppings

Das Wasser im Topf zum Kochen bringen, dann Haferschrot dazugeben. Vorsichtig 1 Minute lang rühren, dann vom Herd nehmen. Abdecken und über Nacht stehen lassen. Am Morgen das restliche Wasser abgießen und Milch, geriebenen Apfel und Apfelessig dazugeben. Wieder auf den Herd stellen und gründlich aufwärmen. Mit Butter, Marmelade, Früchten oder einem anderen Topping nach Wahl servieren.

Johannisbeer-Scones

ERGIBT **ETWA 10 SCONES** · VORBEREITUNG: **15 MINUTEN** · ZUBEREITUNG: **10 MINUTEN**

Weich, blättrig und gespickt mit süßen Johannisbeeren – was könnte es zum Frühstück Besseres geben? Diese runden Juwelen schmecken köstlich mit ein bisschen Marmelade, und sogar noch besser mit einem Klecks Clotted Cream.

ZUTATEN

- 50 g getrocknete Johannisbeeren
- 240 g Mehl
- 55 g Zucker
- 1 EL Backpulver
- ½ TL Salz
- 180–240 ml Sahne oder Milch
- Mehl für die Arbeitsfläche

Die Johannisbeeren 10 Minuten in warmem Wasser einweichen lassen, dann abgießen. Den Ofen auf 180 °C vorheizen. Johannisbeeren mit den anderen trockenen Zutaten in einer Schüssel vermengen, dann nach und nach die Sahne dazugeben, bis ein weicher und formbarer Teig entstanden ist. Auf einer bemehlten Arbeitsfläche 12 Millimeter dick ausrollen und mit einem Ausstechförmchen oder einem Glas runde Plätzchen ausstechen. Die Scones auf ein Backblech legen und 10 Minuten lang backen, bis sie leicht zu bräunen beginnen.

CREMESOSSE

ERGIBT **ETWA 500 ML** · VORBEREITUNG: **10–15 MINUTEN** · KÜHLEN: **MINDESTENS 6 STUNDEN**

ZUTATEN

480 ml Milch oder Sahne
2 Eier
100 g Zucker
1 EL Brandy
1 Prise Muskatnuss

Cremig, sahnig und dekadent – diese Soße ist für Genießer gemacht. Schmeckt gut mit frischen, gekühlten Früchten oder zu einem Stück Kuchen. Man kann auch Kekse hineintauchen – oder sie einfach löffeln, so gut ist sie.

Einen kleinen Topf etwa 2,5 Zentimeter hoch mit Wasser füllen und eine Schüssel daraufstellen. Der Boden der Schüssel sollte das Wasser nicht berühren. Bei schwacher bis mittlerer Hitze auf den Herd stellen. Milch, Eier und Zucker in die Schüssel geben und mehrere Minuten lang kräftig verschlagen. So lange weiterschlagen, bis die Mischung deutlich einzudicken beginnt, etwa 15 Minuten. Vom Herd nehmen und den Brandy und die Muskatnuss unterrühren.

In einen sauberen Behälter füllen und entweder warm über einem heißen Dessert servieren oder abkühlen lassen. Dazu passen gut frische Früchte oder Beeren.

Clotted Cream

ERGIBT **ETWA 500 ML** · LANGSAMES ERWÄRMEN: **ETWA 10 STUNDEN** · KÜHLEN: **ETWA 8 STUNDEN**

Mit diesem Rezept bekommt man einen glatten, dekadenten Aufstrich, der jedes Frühstücksgebäck aufwertet. Zwar ist die Creme ganz leicht herzustellen, jedoch braucht man einen ganzen Tag dafür, also fängt man am besten gleich morgens an und lässt die Creme über Nacht abkühlen.

ZUTATEN

1 l Konditorsahne (Schlagsahne mit einem Fettgehalt von 36–40 %)

Den Ofen auf niedrige Temperatur, etwa 80 °C stellen. Die Sahne in eine Kasserolle oder ein anderes ofenfestes Gefäß füllen. Sahne 8–12 Stunden im Ofen lassen, dann weitere 8 Stunden kühl stellen.

Die dicke Creme abschöpfen und in ein sauberes Gefäß geben. Die flüssige Sahne aufbewahren und Scones daraus machen oder in den Kaffee gießen, oder irgendetwas damit tun, was man eben mit Sahne tut.

Die Creme mit Gebäckstücken, frischen Früchten oder Ähnlichem servieren. Wenn etwas übrig bleibt, kann sie in einem luftdichten Gefäß bis zu einer Woche im Kühlschrank aufbewahrt werden.

Hinweis: Clotted Cream und Cremesoße sind beide köstlich – doch Obacht, man muss sie einen Tag im Voraus ansetzen!

Elf-Uhr-Imbiss

LEICHT

Am späten Morgen lässt die Energie vielleicht etwas nach. Zum Glück gibt es den Elf-Uhr-Imbiss, eine Kombination aus süßen und herzhaften Gerichten, die aber allesamt recht leicht und für die Zubereitung eines kleinen Snacks geeignet sind.

Pilze auf Toast

REICHT FÜR **4 PERSONEN** · VORBEREITUNG: **5 MINUTEN** · ZUBEREITUNG: **10 MINUTEN**

Ein toller Beitrag zu einem Buffet. Der knusprige Toast, die Süße der karamellisierten Schalotten, der volle, erdige Geschmack der Pilze und Kräuter … köstlich.

ZUTATEN

3 EL Butter
1 Knoblauchzehe, gehackt
1 Schalotte, fein geschnitten
120 g gemischte Pilze, gesäubert
25 g Pekan- oder Walnüsse, gehackt
ein paar frische Thymianzweige, Blättchen abgezupft
Salz, Pfeffer nach Geschmack
4 Scheiben getoastetes Landbrot
Balsamicocreme (optional)
würziger Käse, gehobelt

Die Butter bei mittlerer Hitze in einer großen Pfanne schmelzen. Knoblauch und Schalotten dazugeben und vorsichtig rühren, bis sie weich sind. Die Pilze dazugeben und verteilen. Ein paar Minuten braten lassen, bis die Pilze weich zu werden beginnen. Nüsse, Thymian und Salz und Pfeffer dazugeben und weitere 3 Minuten braten.

In der Zwischenzeit das getoastete Landbrot auf die Teller legen. Sobald die Pilze fertig sind, gleichmäßig auf den Brotscheiben verteilen. Wer möchte, kann noch etwas Balsamicocreme darüberträufeln und alles mit Käse bestreuen. Warm servieren.

Kümmelkuchen

ERGIBT **8 PORTIONEN** · VORBEREITUNG: **5 MINUTEN** · BACKEN: **1 STUNDE**

Den Brandy und die Gewürze schmeckt man heraus, allerdings beides sehr dezent. Tatsächlich hat man nur den guten Brandygeschmack, ohne die Wirkung des Alkohols. Der Kuchen selbst ist weich und fest, die Kruste dank der Samenkörner perfekt leicht knusprig. Mit Honig oder Marmelade ist er sehr lecker, man kann ihn aber auch hervorragend ganz schlicht, höchstens mit einem Hauch Butter oder einer schönen Tasse Tee genießen.

ZUTATEN

250 g Butter
150 g Zucker
½ TL gemahlene Muskatnuss
¼ TL gemahlene Muskatnussblüte
1 EL Kümmel, auch mit Mohn lecker
3 Eier
60 ml Brandy
240 g Mehl
Schlagsahne
60 g Puderzucker

Den Ofen auf 180 °C vorheizen. Butter und Zucker verrühren, dann Gewürze und Samenkörner hinzugeben, gefolgt von den Eiern und dem Brandy. Alles gründlich verschlagen. Nach und nach das Mehl dazugeben, dabei weiterrühren, bis alles gut vermischt ist. Den dicken Teig in eine mit gebuttertem Backpapier ausgelegte Rundform mit 20 Zentimeter Durchmesser geben und 1 Stunde lang backen.

Ohne alles servieren oder einen Kuchenguss darübergeben. Dafür gerade genug Schlagsahne mit dem Puderzucker vermischen, sodass eine dickflüssige Masse entsteht. Dekorativ über dem Kuchen verteilen.

BRUNNEN-KRESSESUPPE

REICHT FÜR **4 PERSONEN** · VORBEREITUNG: **5 MINUTEN** · ZUBEREITUNG: **35 MINUTEN**

Brunnenkresse hat einen scharfen, fast pfeffrigen Geschmack, der dieser Suppe etwas überraschend Frisches verleiht. Man kann die Brunnenkresse sammeln, aber sie lässt sich auch leicht selbst ziehen, zum Beispiel in Teichen oder langsam fließenden Bächen. Die Suppe schmeckt gut mit etwas knusprigem Brot und würzigem Käse.

ZUTATEN

2 EL Butter
etwa 120 g Brunnenkresse, gewaschen, gesäubert und gehackt
1 mittelgroße Zwiebel, fein gehackt
2 EL Mehl
240 ml Milch
480 ml Hühner- oder Gemüsebrühe
6 EL Schlagsahne

Die Butter in einem großen Topf schmelzen, Brunnenkresse und Zwiebeln dazugeben und ein paar Minuten vorsichtig garen lassen, bis beides weich zu werden beginnt. Mehl einrühren und 1 Minute weitergaren. Langsam erst die Milch und dann die Brühe dazugeben. Aufkochen und rühren, bis die Suppe eindickt. Einen Deckel auflegen und 30 Minuten köcheln lassen. Mit einem Stabmixer pürieren, Sahne dazugeben und alles vorsichtig noch einmal erwärmen, ohne die Suppe jedoch kochen zu lassen.

Westfarthing-Hase

ERGIBT 2 PORTIONEN/4 SCHEIBEN · ZUBEREITUNG: 15 MINUTEN

Dieses Gericht kombiniert Cheddar, Bier und Senf, aufgepeppt mit etwas Ei. Dann kommt alles auf ein paar Toastscheiben, und ab damit unter den Grill. Das Ergebnis ist eine wunderbare Mischung an Texturen, vom knusprigen Toast zum luftigen, herzhaften Belag. Der Geschmack erinnert an Biersenf auf einer Brezel, und wenn man dunkles Roggenbrot nimmt, bekommt das Gericht eine wunderbar erdige Note.

ZUTATEN

- 2 EL Butter
- 1 Schalotte, fein geschnitten
- 110 g geriebener Cheddar
- 80 ml Ale oder Lager
- 1 TL Senf
- 1 Prise Salz
- 2 Eier, leicht verschlagen
- 4 Scheiben Brot, nach Wahl
- schwarzer Pfeffer

Butter in einem Topf schmelzen, dann die Schalotte dazugeben und rühren, bis sie weich wird. Cheddar, Ale, Senf und Salz dazugeben. Bei niedriger Hitze unter Rühren erwärmen, bis der Käse geschmolzen ist. Dann die Eier dazugeben und weiterrühren, bis die Mischung eindickt, etwa 2 Minuten. Dabei muss man mit der Hitze gut aufpassen, sonst hat man am Ende Rührei!

Die Brotscheiben rösten und die Käsemischung darauflöffeln. Unter den Grill legen, bis sich eine goldene Kruste bildet. Großzügig schwarzen Pfeffer darübermahlen und servieren.

APFELTARTE

ERGIBT 4 MITTELGROSSE TARTES · VORBEREITUNG: 20 MINUTEN · ZUBEREITUNG: 20 MINUTEN

Die weichen, sanften Farben lassen auf den warmen Geschmack dieser herrlich fruchtigen Tarte schließen. Die aromatische Soße passt wunderbar zum Ziegenkäse und den feinen Kräutern. Sie sickert in jede der farbenprächtigen Bögen der gebackenen Apfelschale, die im Kontrast zu den goldenen Linien des Teiges stehen. Ein wunderbar einfaches Rezept, ideal für unerwartete Gäste.

ZUTATEN

- 120 ml trockener Sherry
- 120 ml Apfelwein oder Apfelsaft
- 75 g Honig
- 1 Rosmarinzweig
- 4 große Äpfel, entsteint und in feine Streifen geschnitten
- 1 Packung tiefgekühlter Blätterteig, aufgetaut
- 120 g Ziegenkäse, zerkrümelt

Sherry, Apfelwein, Honig und Rosmarin in einen mittelgroßen Topf geben. Äpfel dazugeben und bei mittlerer Hitze kochen, bis die Äpfel weicher werden, aber noch ihre Form behalten, etwa 5–10 Minuten, je nach dicke der Scheiben. Vom Herd nehmen und die Äpfel abgießen, die Flüssigkeit auffangen. Dann die Soße wieder auf den Herd stellen, auf niedrige bis mittlere Hitze herunterschalten. Den Rosmarinzweig herausnehmen und die Soße etwa 15 weitere Minuten kochen, bis sie leicht eingedickt ist.

Den Ofen auf 200 °C vorheizen. Die Blätterteigstücke halbieren und auf ein mit Backpapier ausgelegtes Backblech legen. Mit einer Gabel die Oberfläche des Teiges mehrmals einstechen, dabei am Rand etwa 1 Zentimeter Platz lassen, damit er aufgehen kann. Den Ziegenkäse gleichmäßig auf die vier Tartes verteilen, dann die Apfelscheiben dekorativ darauflegen.

Für etwa 20 Minuten in den Ofen schieben, bis sich eine goldbraune Kruste gebildet hat. Leicht abkühlen lassen und mit der Soße beträufeln. Wer mag, kann die Tartes noch mit etwas Rosmarin oder essbaren Blüten garnieren.

Mittagessen

AUSGEDEHNT

Als Nächstes kommt also Mittagessen – nur für den Fall, dass die ersten drei Mahlzeiten des Tages zu wenig waren. Diese Gerichte kann man gut zu einem Picknick oder zur Feldarbeit mitnehmen.

Bauernkäse

ERGIBT 1 KLEINEN LAIB · VORBEREITUNG: 20 MINUTEN · ABTROPFEN: 8 STUNDEN ODER ÜBER NACHT

Weich, geschmackvoll und ganz einfach herzustellen – dieser cremige Käse passt wunderbar zu knusprigen Crackern oder frischen Äpfeln.

ZUTATEN

1 l Ziegenmilch
(pasteurisierte ist in Ordnung)
80 ml frischer Zitronensaft
Salz nach Belieben

AUSSERDEM

ein Stahlkochtopf
ein Thermometer
ein Sieb oder Seiher
ein Mulltuch
Bindfaden oder Gummiband

Die Ziegenmilch in den Topf geben und auf den Herd stellen. Das Thermometer hineinstellen und den Herd einschalten. Wenn die Milch 80 °C erreicht hat, den Herd ausschalten und Zitronensaft und Salz dazugeben. Vorsichtig einrühren, dann 15 Minuten abkühlen lassen. Während sich die Milch setzt, das Sieb mit dem Mulltuch auslegen und über eine tiefe Schüssel hängen. Die Milch in das Mulltuch gießen und die Flüssigkeit in die Schüssel darunter abtropfen lassen. Die Zipfel des Tuches zusammennehmen und mit einem Faden oder einem Gummiband zusammenbinden. Dieses Käsebündel für mindestens 8 Stunden oder über Nacht über eine Schüssel hängen, bis alle Flüssigkeit abgetropft ist.

Jetzt ist der Käse fertig, und man kann nach Belieben Salz dazugeben und den Käse zu einem Ball oder einen länglichen Laib formen. Im Kühlschrank hält er sich bis zu einer Woche lang.

Feldarbeiter-Picknick

REICHT FÜR **SO VIELE LEUTE, WIE MAN WILL** · VORBEREITUNG: **MINIMAL**

VORGESCHLAGENE ZUTATEN

kräftiges Brot
Käse, würzig oder mild
Äpfel, Trauben oder andere Früchte
Salat oder Ähnliches
eingelegtes Gemüse
Senf, Chutney oder Marmelade
gekochte Eier
Würstchen, Schinken oder Aufschnitt
Karotten, Rettich, Sellerie
Ale, Apfelwein und so weiter

Wenn man einen Vormittag lang mit einem Gespann zäher kleiner Ponys das Feld beackert und die Furchen in den Acker gepflügt hat, welche uns die Gaben des Landes schenken werden, dann ist danach ein leckeres Picknick genau das Richtige. Was diese Mahlzeit so wunderbar macht, ist, dass man sie nach den eigenen Vorlieben gestalten kann.

Ackergebäck

ERGIBT 8 STÜCK · VORBEREITUNG: 45 MINUTEN · BACKZEIT: 30 MINUTEN

ZUTATEN

FÜR DEN TEIG

125 g Butter
480 g Mehl
1 Eigelb
1 Prise Salz
360 ml kaltes Wasser
1 verschlagenes Ei für die Glasur

HERZHAFTE FÜLLUNG

3 Speckstreifen
450 g Rindergulasch, in mundgerechte Stücke geschnitten
3 EL Mehl
Salz, Pfeffer

SÜSSE FÜLLUNG

2 EL Butter
2 Äpfel, geschält, entkernt und gewürfelt
100 g helle Rosinen
2 EL Honig
1 Schluck Brandy

Dieses Rezept hat mich zunächst verwirrt, bis ich dann die Idee dahinter verstand: Es ergibt ein Gebäck, das sowohl herzhaft als auch süß gefüllt ist und als Mahlzeit und Dessert zugleich dient.

Für den Teig die Butter in das Mehl reiben und Salz hinzufügen. Eigelb dazugeben, dann gerade genug Wasser, um alles miteinander zu verbinden. Einwickeln und kühl stellen.

Mit der herzhaften Füllung beginnen: Den Speck in einer großen Pfanne knusprig braten. Aus der Pfanne nehmen und zum Abtropfen auf ein Papiertuch legen. Die Gulaschstücke in Mehl wälzen und in die Pfanne in das heiße Speckfett geben. Mit Salz und Pfeffer würzen, dann 10–15 Minuten braten, bis das Fleisch gleichmäßig gebräunt ist. Den abgekühlten Speck zerkrümeln und zum Gulasch geben. Beiseitestellen und abkühlen lassen.

Dann die süße Füllung herstellen: Butter in einer Pfanne schmelzen, dann die anderen Zutaten hineingeben. Etwa 10–15 Minuten garen lassen, bis die Äpfel weich sind. Beiseitestellen und abkühlen lassen.

Den gekühlten Teig 5 Millimeter dick ausrollen. Teigquadrate mit einer Kantenlänge von 20 Zentimetern ausschneiden. Teigreste zu Dekorationszwecken und zum Wiederausrollen aufheben. Den Teig bei etwa ⅓ der Länge unterteilen und vorsichtig eine Erhöhung formen. Das wird die Absperrung zwischen der süßen und der herzhaften Füllung. Die Ränder des

Teiges zusammendrücken, sodass eine Art Schale entsteht. Auf die größere Fläche etwa eine halbe Tasse der herzhaften Mischung löffeln, bis die Teigschale etwa zur Hälfte gefüllt ist. Dasselbe mit ¼ Tasse der süßen Füllung auf der anderen Seite der Teigschale wiederholen. Vorsichtig den Teigdeckel über die Füllung schlagen. Die Teigränder mit Wasser anfeuchten, dann den Boden des Teiges über den Deckel schlagen, und die Seiten einschlagen und fest zusammendrücken.

Den Ofen auf 200 °C vorheizen. Für die Dekoration dünne Teigstreifen von etwa 15 cm Länge ausschneiden. Die Enden von drei dieser Teigstreifen zusammendrücken und einen Zopf flechten. Den Zopf mit Wasser anfeuchten und vorsichtig so auf das gefüllte und verschlossene Gebäck legen, dass es die Unterteilung zwischen den zwei Füllungen zeigt. Mit einem Plätzchenausstecher weitere Dekorationen ausstechen und mit Wasser auf den Törtchen befestigen. Jedes fertige Törtchen mit dem verschlagenen Ei bestreichen. Für 30 Minuten in den Ofen geben, bis die Törtchen schön goldbraun sind.

WEITERE VARIATIONEN

- Ente und Kirsch
- Schwein und Birne
- Rind und Pflaume
- Lamm und Beeren
- Truthahn und Cranberry
- Huhn und Pfirsich

Schweinefleisch-Pastete

ERGIBT EINE PASTETE MIT EINEM DURCHMESSER VON ETWA 22 CM ODER MEHRERE KLEINERE PASTETEN · VORBEREITUNG: 30 MINUTEN · ZUBEREITUNG: 45–60 MINUTEN

Diese Pastete ist zugleich herzhaft und elegant. Der salzige, volle Geschmack des Schweinefleischs und des Cheddars wird durch die delikate Süße der Äpfel und Kirschen ausgeglichen. Der Lauch bietet die perfekte Basis für die Kräuter, und zusammengehalten wird das alles von einer wunderbar blättrigen Kruste.

ZUTATEN

FÜR DEN TEIG

360 g Mehl
1 TL Salz
6 EL Butter oder Schmalz
240 ml kalte Milch

FÜR DIE FÜLLUNG

6 Speckstreifen
2 Lauchstangen, heller Teil gewürfelt
2 Pastinaken, geschält und gewürfelt
1–2 frische Zweige Rosmarin und Salbei
240 ml halbtrockener Sherry
450 g Schweinegulasch
225 g Schweinebauch, gewürfelt
60 g geriebener Cheddar

Mehl und Salz in einer mittelgroßen Schüssel vermengen. Butter oder Schmalz hineinreiben, bis die Mischung die Konsistenz feiner Brotkrümel hat. Nach und nach gerade genug Milch unterheben, um alles zu verbinden, damit ein schöner, gut formbarer Teig entsteht. In zwei Teile teilen, einer sollte etwas größer sein als der andere. Das größere Stück auf einer leicht bemehlten Arbeitsfläche 3 Millimeter dick ausrollen. Eine Tarteform damit auslegen und den Ausrollvorgang mit dem anderen Teigstück wiederholen. Das wird der Deckel. Für später beiseitelegen.

Den Speck in einer großen Pfanne bei mittlerer Hitze knusprig braten und dann auf einem mit Küchenpapier ausgelegten Teller abtropfen lassen. Das ausgelassene Fett bis auf 3 Esslöffel abgießen. Auf niedrige bis mittlere Hitze herunterschalten und den Lauch in die Pfanne geben und braten, bis er weich ist. Pastinaken und Kräuter dazugeben und 1–2 Minuten einrühren. Den Sherry hineingießen, dabei vorsichtig sein, es kann spritzen, wenn die Flüssigkeit auf das heiße Fett trifft. Anschließend 10–15 Minuten weiter garen, bis die Pastinaken weich zu werden beginnen, dann vom Herd nehmen und vollständig abkühlen lassen.

Den Ofen auf 190 °C vorheizen. In der Schüssel einer Küchenmaschine Schweinefleisch und Schweinebauch mischen und hacken, bis das Fleisch gleichmäßig klein gehackt ist. Den Speck und die abgekühlte Gemüsemischung dazugeben. Alles in die vorbereitete Teigschale geben und mit Cheddar bestreuen. Den Teigdeckel darüberlegen und den überschüssigen Teig abschneiden. An den Kanten umschlagen und festdrücken.

Für 45–60 Minuten in den Ofen schieben, bis der Teig eine schöne goldbraune Farbe angenommen hat und das Fleisch durchgegart ist.

Wer mag, kann auch mithilfe eines großen Muffinblechs mehrere kleine Pasteten backen. Einfach der Anleitung oben folgen und 45 Minuten lang backen.

WURSTEIER

ERGIBT 8 EIER · VORBEREITUNG: 15 MINUTEN · ZUBEREITUNG: ETWA 30 MINUTEN

Hart gekochte, in Wurstbrät gehüllte und dann frittierte Eier? Ja, bitte! Diese herzhaften Leckereien sind echte Eiweißbomben, und da man sie recht gut transportieren kann, sind sie wunderbar für einen Picknickkorb geeignet. Jeder Bissen der knusprigen, würzigen Ummantelung mit dem weichen Ei darin ist perfekt für den großen Appetit bei einer Wanderung.

ZUTATEN

8 mittelgroße Eier, hart gekocht
Mehl mit etwas Salz und Pfeffer gemischt
450 g Wurstbrät vom Metzger
1 Ei, mit etwas Wasser verschlagen
Paniermehl
Bratenfett oder Öl zum Frittieren

Die Eier schälen und in der Mehl-Salz-Pfeffer-Mischung wälzen. Jedes Ei mit Wurstbrät ummanteln, dabei auf eine schöne Eiform achten. Da das Ei glatt ist, formt man am besten zuerst einen großen und flachen Wursttaler, legt das Ei darauf und faltet das Wurstbrät darum, bis das Ei ganz eingehüllt ist. Das Wurstei in Mehl wälzen und mit dem verschlagenen Ei bestreichen, in Paniermehl wälzen und in einer tiefen Pfanne 7 Minuten lang frittieren. Auf einen mit Küchenpapier ausgelegten Teller legen und abtropfen und abkühlen lassen. Die Eier halbieren und mit einem Salat oder als Teil eines Buffets servieren.

Manchmal ist ein kleiner Nachmittagstee genau das, was man braucht. Zum namensgebenden Getränk werden bei dieser Zwischenmahlzeit kleine Häppchen und Süßes gereicht.

Richtig Tee kochen

Einen anständigen Tee zuzubereiten, ist nicht so kompliziert, wie manch einer vermuten könnte. So lange man kochendes Wasser und genug der gefälligen Blätter zur Verfügung hat, kann es eigentlich kaum schiefgehen.

Damit der Tee auch wirklich heiß ist, kann man die Teekanne mit kochendem Wasser füllen und sie einige Minuten stehen lassen. Dann das Wasser abgießen, pro Person einen Löffel Teeblätter und dazu noch einen Löffel extra in die Kanne geben und mit frischem kochendem Wasser aufgießen.

Ich empfehle Milch bei allen Schwarzteesorten, bei grünem Tee und allen Kräutertees allerdings rate ich von ihr ab. Zucker und Honig können nach Geschmack dazugegeben werden, aber nicht so viel, dass der Teegeschmack überdeckt wird.

Schwarze Tees, wie Ceylon, Darjeeling, Assam oder Teemischungen wie Earl Grey und English Breakfast, sind allesamt köstlich und aromatisch. Lose Teeblätter sind unseren „modernen" Teebeuteln geschmacklich fast immer überlegen. Die klein gehackten Teeblätter in den Beuteln färben das Wasser rascher dunkel, aber die großen Blätter geben ein besseres Aroma ab. Kräuteraufgüsse sind zwar im Grunde keine richtigen Tees, können aber ebenfalls großen Genuss mit sich bringen, besonders in den Abendstunden.

Sommerkuchen mit Erdbeeren

REICHT FÜR **12 PERSONEN** · VORBEREITUNG: **10 MINUTEN** · BACKEN: **25–30 MINUTEN**

ZUTATEN

250 g Butter
225 g Zucker
4 Eier, verschlagen
½ TL Vanille
2 EL Milch
240 g Mehl
1 TL Salz
2 EL Backpulver
½ TL gemahlene Muskatnuss
470 ml Schlagsahne
230 g Erdbeeren, entstielt und in Scheiben geschnitten, ein paar extra als Dekoration
Puderzucker zum Dekorieren

Dies ist ein Rezept für einen leichten und köstlichen Kuchen mit mehreren Lagen Schlagsahne und frischen Beeren zwischen fluffigen Gebäckscheiben. Er ist perfekt für warme Sommertage und bietet eine wunderbare Verwendungsmöglichkeit für Beeren, die schon ein bisschen weich sind.

Den Ofen auf 190 °C vorheizen. Den Boden und die Seiten von zwei Springformen mit einem Durchmesser von etwa 20 Zentimetern buttern.

Butter und Zucker in einer großen Schüssel verschlagen, bis eine fluffige Creme entstanden ist. Eier, Vanille und Milch dazugeben und verrühren, bis alles vollständig gebunden ist. In einer anderen Schüssel Mehl, Salz, Backpulver und Muskatnuss verrühren. Nach und nach die trockenen Zutaten unter die Buttermischung geben und wenn nötig die Mengenverhältnisse noch etwas anpassen. Am Ende sollte der Teig eine weiche Konsistenz haben und noch tropfen können. Den Teig gleichmäßig auf die beiden Springformen verteilen und 25-30 Minuten backen, bis die Kuchenscheiben goldbraun und fest sind. Vorsichtig aus den Springformen lösen und auf einem Ofenrost vollständig abkühlen lassen. Sobald sie kalt sind, beide Kuchen in zwei gleich dicke Scheiben schneiden, sodass man insgesamt vier Kuchenscheiben hat.

Schlagsahne in einer mittelgroßen Schüssel schlagen, bis sich weiche Spitzen bilden. Dann den ersten Kuchenboden mit Schlagsahne bestreichen und mit Erdbeerscheiben belegen. So weiter machen, bis alle Zutaten verbraucht sind, mit einem Kuchendeckel abschließen. Am Ende Puderzucker auf den Deckel stäuben und mit ein paar zusätzlichen Erdbeeren garnieren.

Tee-Sandwiches

ERGIBT 16 KLEINE SANDWICHES · ZUBEREITUNG: 15 MINUTEN

Obwohl es so viele verschiedene Varianten gibt, ist mein persönliches Lieblingssandwich für die Tee-Zeit das mit Käse und Gurke. Was für ein herrliches Knacken bei jedem Biss, und im Kontrast dazu die würzige Cremigkeit des Käses und der Butter.

Die Brotscheiben bereitlegen und gleichmäßig mit Butter bestreichen, dann vier der Scheiben beiseitelegen. Die Gurkenscheiben auf das Brot legen, überlappend, wenn nötig. Darauf eine Schicht Käse legen, gefolgt von den beiseitegelegten Brotscheiben. Jedes Sandwich leicht zusammendrücken. Mit einem großen, scharfen Messer vorsichtig die Brotrinde abschneiden und die Sandwiches dann mit zwei diagonalen Schnitten von Ecke zu Ecke in vier kleine Sandwichdreiecke teilen. Auf einen Teller legen und servieren.

ZUTATEN

8 Scheiben weiches Weißbrot
4 EL Butter, weich
1 Salatgurke, in feine Scheiben geschnitten
120–180 g Cheddar, in dünnen Scheiben

WEITERE KÖSTLICHE VARIANTEN

- Schinken, Brie und Senf auf getoastetem Brot
- Pastete, Kapern und Senf auf Weißbrot
- Truthahn, Cheddar, Apfel und Butter auf Weizenbrot
- Roastbeef, Brunnenkresse und Meerrettich auf Roggenbrot
- Räucherforelle, Gurke und Butter auf Pumpernickel
- Eiersalat und Petersilie auf Weißbrot
- Zitronenmus und frische Beeren auf Weißbrot

SÜSSE KEKSE

ERGIBT 20 **KEKSE** · VORBEREITUNG: 10 **MINUTEN** · BACKEN: 15 **MINUTEN**

Diese Kekse sind perfekt für den Nachmittagstee. Man kann sie auch gut aufbewahren, für den Fall, dass unerwartet Gäste vorbeischauen. Sie sind schlicht, mit einem Hauch von Gewürzen und dem gelegentlichen kurzen Aufflackern der Süße der Trockenfrüchte und ein bisschen Knusper vom darübergestreuten Zucker.

ZUTATEN

125 g Butter, gewürfelt
115 g Zucker
1 Ei, getrennt
180 g Mehl, und etwas extra zum Bestäuben der Arbeitsfläche
½ TL Mixed Spice (eine gemahlene Gewürzmischung aus Zimt, Piment, Muskatnuss, Koriander, Ingwer und Nelken)
60 g getrocknete Johannisbeeren
40 g kandierte Schale von Zitrusfrüchten (Orangeat und Zitronat)
2 EL Brandy oder Milch
extra Zucker, zum Bestreuen

Den Ofen auf 200 °C vorheizen und ein Backblech mit Backpapier auslegen. Butter und Zucker mixen, bis eine helle und luftige Masse entstanden ist, dann das Eigelb unterschlagen. Mehl und Gewürzmischung darübersieben. Johannisbeeren und Schale dazugeben und so viel Brandy oder Milch unterschlagen, dass ein recht weicher Teig entsteht. Auf einer leicht bemehlten Arbeitsfläche kneten und etwa 5 Millimeter dick ausrollen. Die Oberfläche mit einer Gabel einstechen und Kreise oder eine andere Form der Wahl ausstechen. Auf das Backblech legen und für 10 Minuten in den Ofen. Aus dem Ofen nehmen, mit dem leicht verschlagenen Eiweiß bestreichen. Mit Zucker bestreuen und weitere 5 Minuten in den Ofen schieben, bis die Kekse goldbraun sind. Zum Abkühlen auf ein Ofenrost legen. In einem luftdichten Behälter aufbewahren.

Kamillentee

ERGIBT 1–2 **TEETASSEN** · ZIEHZEIT: 2 **MINUTEN**

Dieser Kräutertee tröstet den Geist ebenso sehr, wie er den Körper entspannt. Die Kombination aus Blumen und Früchten mit einem Hauch von Honig beschwört das Bild eines sonnigen Sommernachmittags im Garten herauf.

ZUTATEN

1 gehäufter EL getrocknete Kamille
1 Prise Lavendel
1 Apfelschnitz
kochendes Wasser, genug für 2 Tassen
Wildblumenhonig, nach Belieben

Kamille, Lavendel und Apfelschnitz in ein Teesieb geben. Kochendes Wasser darübergießen, etwa 2 Minuten ziehen lassen, dann ganz nach Belieben mit Honig abschmecken.

Abendessen

KLEIN

Das Abendessen entspricht dem ersten Frühstück – es besteht hauptsächlich aus schlichten, herzhaften Speisen, die man jeden Tag essen kann.

Landbrot

REICHT FÜR **4 PERSONEN** · VORBEREITUNG: **10 MINUTEN** · GEHEN LASSEN: **1½ STUNDEN** · BACKEN: **30 MINUTEN**

Mit diesem Rezept bekommt man ein fluffig leichtes Brot, das es einem schwer macht, mit dem Essen wieder aufzuhören, besonders, wenn es noch ofenwarm ist. Die eigenwillige Form mag schmalen, hohen Öfen geschuldet sein.

ZUTATEN

- 360 ml warme Milch
- 2 EL Honig
- 2 TL Trockenhefe
- 1 TL Salz
- 360 g Mehl
- 2 EL Butter, geschmolzen
- 1 Ei, verschlagen

In einer mittelgroßen Schüssel warme Milch, Honig und Hefe verrühren und 5 Minuten gehen lassen, bis die Mischung schaumig wird. Salz dazugeben, gefolgt von der Hälfte des Mehls und der Butter. Nach und nach das übrige Mehl dazugeben, bis ein glatter Teig entsteht, der sich vom Schüsselrand löst. Den Teig auf eine leicht bemehlte Arbeitsfläche geben und ein paar Minuten lang kneten, bis er elastisch wird und eine eingedrückte Delle wieder hochkommt. In eine gebutterte Schüssel legen und mit einem Küchentuch abdecken. Etwa 1 Stunde gehen lassen, bis sich das Volumen verdoppelt hat. Den Teig wieder nach unten drücken.

Den Ofen auf 220 °C vorheizen. Etwa ⅔ des Teiges aus der Schüssel nehmen und zu einer Kugel formen, die Seiten unter den Teigboden ziehen, bis eine schöne, runde Form entstanden ist. Den Laib auf ein mit Backpapier ausgelegtes Backblech legen. Den übrigen Teig auf dieselbe Weise zu einer Kugel formen. Die kleinere Kugel auf die größere legen. Mit einem leicht bemehlten oder mit Öl bestrichenen Stiel eines Holzlöffels ein Loch durch die Mitte der beiden aufeinandergestapelten Kugeln stechen, damit sie beim Backen besser zusammenhalten. Den Löffel wieder herausnehmen. Abdecken und weitere 30 Minuten gehen lassen, dann mit dem verschlagenen Ei bestreichen und 30 Minuten backen. Vor dem Aufschneiden mindestens 10 Minuten abkühlen lassen.

Pilzsuppe

REICHT FÜR 4 PERSONEN · VORBEREITUNG: 10 MINUTEN · ZUBEREITUNG: 45 MINUTEN

Unglaublich reichhaltig und cremig – schon eine kleine Portion dieser Suppe macht richtig satt. Die Rinderbrühe und das Räuchersalz heben den erdigen Geschmack der Pilze hervor, während der Käse und die Sahne allem eine wunderbare Konsistenz geben. Dazu kann man gut knuspriges Weißbrot reichen, um auch den letzten Rest der Suppe aus der Schale zu wischen.

ZUTATEN

- 2 EL Butter
- 1 große Zwiebel, gehackt
- 1–2 Knoblauchzehen, fein gehackt
- 110 g Shiitakepilze, grob gehackt
- 280 g Champignons, grob gehackt
- 480 ml Rinderbrühe
- 240 ml Sahne
- 1 TL Räuchersalz
- 1 EL Sherry
- 40 g fein geriebener würziger Cheddar, etwas extra zum Garnieren

Butter in einem Topf schmelzen lassen, dann Zwiebeln und Knoblauch dazugeben und anbraten, bis sie weich, aber noch nicht braun sind. Die gehackten Pilze dazugeben und unterrühren, bis alles gut mit Butter bedeckt ist. Mit Brühe und Sahne ablöschen. Salz dazugeben und die Suppe 30 Minuten auf dem Herd lassen. Die Hitze so einstellen, dass die Suppe gerade noch nicht köchelt.

Mit einem Schaumlöffel etwa eine halbe Tasse der gekochten Pilze und Zwiebeln herausschöpfen und zum Garnieren beiseitelegen. Den Rest der Suppe mit einem Mixer oder Stabmixer pürieren. Sobald sie glatt und cremig ist, den Sherry und den geriebenen Cheddar dazugeben und gründlich unterrühren.

Die Suppe in Schalen geben, mit den beiseitegelegten Pilzen garnieren und noch etwas zusätzlichen Käse darüberreiben.

BRATHUHN

REICHT FÜR 4 PERSONEN · VORBEREITUNG: 10 MINUTEN · ZUBEREITUNG: 1½ STUNDEN

Dieses sättigende Hühnchengericht ist gar nicht schwer zuzubereiten, dafür aber umso köstlicher. Die Haut wird im Ofen wunderbar knusprig und goldbraun. Dazu passen Wurzelgemüse wie Kartoffeln und Karotten sehr gut. Man kann sie einfach um das Huhn herumlegen und gelegentlich mit dem Fett übergießen, dann garen sie im Ofen gleich mit. Die Füllung ist schön salzig vom Speck und wird durch den Bratensaft noch aromatischer.

ZUTATEN

2 EL Butter, aufgeteilt
2–3 Schalotten, gehackt
160 g Paniermehl
4 Streifen durchwachsener Speck, 2 davon gehackt, die anderen 2 halbiert
1 EL frische Petersilie, gehackt
1 Ei, verschlagen
1 Huhn, etwa 2 Kilo
Salz, schwarzer Pfeffer
2–4 Karotten oder Pastinaken, in Scheiben geschnitten
1 mittelgroße Kartoffel, in Stücke geschnitten

Den Ofen auf 200 °C vorheizen. Einen Esslöffel der Butter in einem Topf schmelzen und die gehackten Schalotten bei mittlerer Hitze 2 Minuten lang darin anbraten, bis sie weich sind. Schalotten und Butter mit den anderen Füllungszutaten vermengen: Paniermehl, gehackter Speck, Petersilie und Ei. Die Füllung in das Huhn geben. Den übrigen Esslöffel Butter schmelzen und das Huhn von außen damit einreiben. Mit Salz und Pfeffer bestreuen, die vier Speckstreifen über die Brust legen und die Flügel unter das Huhn schieben, damit sie nicht verbrennen. Das Huhn in eine Röstpfanne legen und mit Gemüse umgeben. Für 1 ½ Stunden in den Ofen schieben, bis der Bratensaft klar wird. Kurz vor Ende der Garzeit die Speckstreifen von der Brust nehmen, damit die Haut auch hier schön braun und knusprig werden kann.

RÖSTKARTOFFELN

REICHT FÜR 4–6 PERSONEN · VORBEREITUNG: 15 MINUTEN · ZUBEREITUNG: 45 MINUTEN

Röstkartoffeln passen fantastisch zu jeder Art von gebratenem Fleisch, da sie einen stärkehaltigen Gegenpart zum Eiweiß bilden. Das Blatt, auf dem dieses Rezept stand, war fleckig und abgewetzt, was vermuten lässt, dass dies eines der Lieblingsrezepte der Verfasserin war. Die Kartoffeln sollten außen knusprig und innen weich sein. Eines meiner Lieblingsrezepte!

ZUTATEN

1 kg festkochende Kartoffeln, in 4-cm-Stücke geschnitten
60 ml Pflanzenöl oder Olivenöl
grobes Salz

Den Ofen auf 220 °C vorheizen. Einen großen Topf zur Hälfte mit Wasser füllen und aufkochen lassen. Die Kartoffeln hineingeben und 10 Minuten köcheln lassen. Das Wasser abgießen, das Öl dazugeben und den Deckel wieder auflegen. Den Topf ein paar Mal schütteln, um die Kartoffeln etwas weicher zu machen, dadurch werden sie im Ofen knuspriger.

Die Kartoffeln in eine Röstpfanne geben, mit Salz bestreuen und für etwa 45 Minuten in den Ofen schieben, bis sie einen hübschen Goldton angenommen haben und knusprig sind.

Grossvaters Brombeertarte

ERGIBT 4–6 KLEINE TARTES · VORBEREITUNG: 1 STUNDE · BACKEN: 20 MINUTEN

Sehr einfach, aber sättigend. Das In-die-Brombeeren-Gehen, so lassen die Notizen in dem Kästchen vermuten, war jedes Jahr ein heiß erwartetes Ereignis. Da man die Brombeeren selbst nur kurz bäckt, behalten sie ihre Form und zeigen in ihrer ganzen Pracht wunderbar den Überfluss des Sommers.

ZUTATEN

FÜR DEN TEIG

150 g Allzweckmehl
2 EL Zucker
¼ TL Salz
125 g kalte Butter
60 ml kaltes Wasser

FÜR DIE FÜLLUNG

480 g Brombeermarmelade
340 g Brombeeren
60 g gehackte Mandeln oder Walnüsse

Mehl, Zucker und Salz vermengen und die Butter hineinreiben, bis eine krümelige Mischung entsteht. Nach und nach so viel Wasser hinzugeben, dass ein gebundener Teig entsteht. In Klarsichtfolie einwickeln und 1 Stunde kaltstellen.

Den Ofen auf 190 °C vorheizen. Den Teig 5 Millimeter dick ausrollen und in Tarteförmchen drücken. Teigreste wieder verkneten und erneut ausrollen, bis der Teig komplett verbraucht ist. Die Tartes mit einer Gabel mehrmals einstechen, damit sich der Teig nicht aufbläht. Für 15 Minuten in den Ofen schieben, bis die Teigförmchen goldbraun sind.

Die Tarteförmchen aus dem Ofen nehmen und sofort die Marmelade gleichmäßig auf die Tartes verteilen. Dann die Brombeeren in die Förmchen legen, mit Mandeln bestreuen und weitere 5 Minuten backen. Warm oder kalt servieren.

Nachtmahl

Gehaltvoll

In dieser Abteilung finden sich reichhaltige, fast schon dekadente Gerichte, bei denen die hochwertigen Zutaten schön zur Geltung kommen. Diese Rezepte eignen sich für besondere Gelegenheiten.

KANINCHEN-EINTOPF

REICHT FÜR **4 PERSONEN** · VORBEREITUNG: **15 MINUTEN** · ZUBEREITUNG: **1 STUNDE**

ZUTATEN

4 Streifen Speck
2 Kaninchen, in Stücke geschnitten
2–3 Knoblauchzehen, klein gehackt
2 Lauchstangen, helle Teile gewürfelt
2 mittelgroße Karotten, geschält und gehackt
1 große Pastinake, geschält und gehackt
220 g kleine Perlzwiebeln, geschält
720 ml Wasser
480 ml Apfelwein
1 Dose (400 g) Bohnen (Limabohnen oder Ackerbohnen …)
1 EL frischer Salbei (gehackt)
1 TL frischer Thymian
2 Lorbeerblätter
1 großzügige Prise Salz

KLÖSSCHEN

240 g Mehl
3 EL Backpulver
1 TL Salz
55 g Backfett
Milch, zum Mischen

Dies ist ein herrliches Gericht, vollgepackt mit herzhaften Herbstaromen. Der Apfelwein verleiht der Brühe eine feine Süße, und der Apfelgeschmack passt wunderbar zum Kaninchen. Die salzigen Klößchen sind köstlich, mit der Brühe vollgesogen und mit einem Löffel voll Fleisch und Gemüse.

Den Speck in einem mittelgroßen Topf anbraten, bis er knusprig zu werden beginnt, dann herausnehmen und zum Abkühlen auf einen Teller legen. Das Fett auffangen. Die Kaninchen im Speckfett anbraten, dann auf denselben Teller legen. Den Knoblauch und das Gemüse in den Topf geben und rühren, bis alles mit dem Fett eingehüllt ist. Einen Schluck Wasser dazugeben, den Deckel auflegen und 10–15 Minuten köcheln lassen, bis das Gemüse weich ist. Das Gemüse und alle übrigen Eintopfzutaten in einen großen Topf geben, den Deckel auflegen und 45 Minuten lang köcheln lassen.

Alle trockenen Zutaten für die Klößchen vermischen, dann nach und nach Milch dazugießen, bis ein weicher Teig entstanden ist, der vom Löffel tropft. Große Kleckse des Teiges in den Eintopf geben, dann den Deckel wieder auflegen und 15 Minuten kochen, bis der Teig aufgegangen und durchgegart ist.

EIN GERICHT AUS PILZEN UND SPECK

REICHT FÜR 2 **PERSONEN** · VORBEREITUNG: 5 **MINUTEN** · ZUBEREITUNG: 15 **MINUTEN**

Eine einfachere oder köstlichere Beilage sucht man vergebens. Die fantastischen Aromen von Salbei und Speck umhüllen die weichen Pilze und mischen sich aufs Herrlichste mit ihrem erdigen Geschmack.

ZUTATEN

- 220 g gemischte Pilze
- 2 Speckstreifen, gehackt
- 1 gehäufter EL frischer Salbei, in dünne Streifen geschnitten
- 1 Prise Salz

Den Ofen auf 180 °C vorheizen. Alle Zutaten vermengen. Für 15 Minuten in den Ofen schieben, dabei ab und zu umrühren, damit die Pilze von dem Speckfett eingehüllt werden. Heiß servieren.

Forelle mit Kräuterbutter

REICHT FÜR **2 PERSONEN** · VORBEREITUNG: **10 MINUTEN** · ZUBEREITUNG: **10 MINUTEN**

Mit diesem Rezept bekommt man einen zarten, mild würzigen Fisch, der ganz leicht zuzubereiten und sogar noch leichter zu genießen ist. Der Weißwein rundet den Fischgeschmack ab, besonders, wenn man den Rest in der Flasche einfach zum Essen trinkt.

ZUTATEN

2 Forellen, je etwa 220 g
1 Prise Salz
je 1 Zweig frischer Thymian und Majoran
3 Lorbeerblätter
480 ml Weißwein
Wasser
Zitrone (optional)
Kräuterbutter (s. Seite 108)

Die Forellen in eine große Bratpfanne legen, mit Salz bestreuen und die Kräuter dazugeben. Mit Weißwein übergießen und so viel Wasser dazugeben, dass die Fische gerade vollständig bedeckt sind.

Bei mittlerer bis starker Hitze aufkochen, dann herunterschalten, bis die Flüssigkeit nur noch leicht köchelt. Weitere 5 Minuten köcheln lassen, dann beide Fische wenden. Noch einmal 3 Minuten köcheln lassen, dann die Pfanne vom Herd nehmen. Die Fische vorsichtig herausnehmen und ein paar Sekunden abtropfen lassen. Mit Zitronenscheiben garnieren und mit einem Stück Kräuterbutter servieren.

Geschmorte Lammstelzen

REICHT FÜR **2 PERSONEN** · VORBEREITUNG: **10 MINUTEN** · ZUBEREITUNG: **3 STUNDEN**

Dies ist ein Rezept für ein köstliches Lammgericht. Lange geschmort, ist das Fleisch so zart, dass es fast von selbst vom Knochen fällt. Die würzige Soße sorgt für eine zusätzliche Geschmacksexplosion.

ZUTATEN

2 Lammstelzen
240 ml Rotwein
3 Karotten, geschält und grob gehackt
4 Knoblauchzehen, in dünne Scheiben geschnitten
1 Zwiebel, in Achtel geteilt
1 Lorbeerblatt
2 TL Kräutermischung
480 ml Rinderbrühe
Wasser
1 EL Butter

Einen mittelgroßen, hohen Topf bei mittlerer Hitze auf den Herd stellen. Die Lammstelzen würzen, in den Topf geben und auf beiden Seiten scharf anbraten. Rotwein, Gemüse, Kräuter und Rinderbrühe dazugeben. Mit so viel Wasser auffüllen, dass die Stelzen gerade bedeckt sind, dann einen Deckel auflegen und 1 ½ Stunden köcheln.

Ofen auf 180 °C vorheizen. Lamm, Gemüse und Bratensaft in eine ofenfeste Form geben, lose mit Alufolie abdecken und für weitere 1 ½ Stunden in den Ofen schieben. Lamm und Gemüse aus der Ofenform nehmen und warm stellen. Das Lorbeerblatt entsorgen. Den Bratensaft in einen Topf gießen, Butter dazugeben und die Soße reduzieren lassen, bis sie schön eingedickt ist.

Das Lamm auf einen Teller geben und die Soße darübergießen.

BRANDYHAPPEN

ERGIBT **MINDESTENS 24 STÜCK** · ZUBEREITUNG: **45 MINUTEN**

Diese Brandyhappen sind ein wunderbar einfaches und zugleich dekadentes kleines Dessert. Die Waffeln knuspern mit dunkler Süße, verströmen den Duft warmer Gewürze und sind mit einer extraleichten, ganz dezent alkoholischen Creme gefüllt.

ZUTATEN

FÜR DIE WAFFELN

90 g Mehl
1 große Prise Salz
½ TL gemahlener Ingwer
125 g Butter
170 g Melasse
55 g Zucker
45 g brauner Zucker
1 EL Brandy

FÜR DIE FÜLLUNG

480 g Schlagsahne
60 g Zucker
2 EL Brandy (nach Belieben auch mehr)

Zwei Backbleche mit Backpapier oder einer Silikonmatte auslegen und den Ofen auf 180 °C vorheizen. Mehl, Salz und Ingwer in eine Schüssel sieben und beiseitestellen. Mehrere Holzlöffel bereitlegen.

Butter, Melasse, sämtlichen Zucker und Brandy in einem kleinen Topf bei mittlerer Hitze schmelzen lassen. Langsam rühren, bis sich der Zucker vollständig aufgelöst hat, dann vom Herd nehmen. Zügig die übrigen Zutaten einrühren, bis alles gut verbunden ist.

Den Teig in teelöffelgroßen Klecksen auf die vorbereiteten Backbleche geben und dazwischen je 10 Zentimeter Platz lassen. Wenn die Bleche voll sind, für 5 Minuten in den Ofen schieben, bis die Teigkleckse aufgegangen sind und Blasen werfen. Die Bleche aus dem Ofen nehmen und gerade so weit abkühlen lassen, dass man die Waffeln vorsichtig vom Backpapier schälen und um die Löffelstiele wickeln kann, sodass man kleine Röllchen erhält. Vorsichtig von den Löffelstielen lösen und auf einem Gitterrost abkühlen lassen. Sollten die Waffeln schon zu kalt und hart sein, um geformt werden zu können, einfach noch einmal kurz im Ofen weich werden lassen.

Kurz vor dem Servieren die Schlagsahne mit dem Zucker verschlagen, bis sich feste Spitzen bilden. Den Brandy dazugeben und 1 weitere Minute schlagen. Die Creme in einen Spritzbeutel mit Dekotülle füllen und in die Waffelröllchen drücken. Sofort servieren.

Die geformten, aber noch ungefüllten Waffeln können mehrere Tage lang in einem luftdichten Behälter aufbewahrt werden.

MINCE PIES

ERGIBT ETWA 12 STÜCK · VORBEREITUNG: 20 MINUTEN · ZUBEREITUNG: 20 MINUTEN

ZUTATEN

FÜR DEN TEIG

300 g Mehl
1 Prise Salz
2 EL Zucker
125 g Butter
etwa 240 ml kalte Milch

FÜR DIE FÜLLUNG

400 g Johannisbeeren
400 g Sultaninen
200 g Zitronat und Orangeat, gemischt
4 EL geschmolzene Butter
3 EL Brandy
90 g brauner Zucker
je ½ TL gemahlener Ingwer, Zimt und Muskatnuss
1 Prise gemahlene Nelken
½ Apfel, entkernt und gehackt
1 Zitrone, entsaftet und geschält

Wenn man die Wintersaison in einem Gebäckstück zusammenfassen könnte, dann würde es ziemlich genau so schmecken wie diese kleinen Delikatessen. Mächtig und vollgepackt mit Gewürzen – jeder Bissen strotzt nur so vor spannendenden Aromen und Texturen.

Für den Teig alle trockenen Zutaten in einer Schüssel vermengen und dann die Butter hineinreiben, bis eine krümelige Mischung entsteht. Nach und nach die Milch dazugeben, bis ein gebundener Teig entsteht. In Frischhaltefolie einwickeln und kühl stellen.

Alle Zutaten für die Füllung vermischen, dann abdecken und bis zur Verwendung kühl stellen, bis zu einer Woche lang.

Den Ofen auf 200 °C vorheizen und den Teig 3 Millimeter dick ausrollen. Kreise ausschneiden und in eine Muffinform drücken. Dieselbe Anzahl von Deckeln ausschneiden. Die Pasteten mit dem Mincemeat füllen, die Deckel auflegen und an den Rändern mit etwas Wasser verkleben. Jedes Pastetchen mit Milch bestreichen und leicht mit Zucker bestreuen. Für 20 Minuten in den Ofen schieben. Die Pasteten aus den Formen lösen, solange sie noch heiß sind, und auf einem Gitterrost abkühlen lassen.

Diese Mince Pies sind eine ganz besondere Leckerei für die Winterzeit und ein absolutes Muss an Feiertagen.

Sonstiges

Diese Rezepte sind in keiner der anderen Kategorien unterzubringen. Manche sind einfach für Würzmittel oder Getränke, andere sind vielschichtig und anspruchsvoll …

Doppelt gebackene Honigkuchen

ERGIBT **ETWA 24 STÜCK** · VORBEREITUNG: **10 MINUTEN** · BACKEN: **45 MINUTEN** · KARAMELL: **15 MINUTEN**

Diese Honigkuchen werden doppelt gebacken, um sie lange haltbar zu machen, und weil jeder Bissen außerdem voller Energie steckt, sind sie ganz wunderbare Reisegefährten. Die Zutaten stammen vom Feld und aus dem Wald, und die Kuchen sind gerade mundgerecht – äußerst verlockend. Wenn die Kuchen nicht zum Mitnehmen gemacht werden, kann man sie auch mit etwas Honigkaramell beträufeln – das sieht hübsch aus und der Geschmack ist einfach unschlagbar!

ZUTATEN

200 g Honig
3 Eier
1 TL getrockneter Lavendel
1 EL getrocknete und gehackte Hagebutten
270 g Mehl
1 ½ TL Hirschhornsalz oder Backpulver
1 TL Salz
100 g getrocknete Kirschen oder Beeren
30 g Walnüsse, grob gehackt

FÜR DAS KARAMELL

300 g Honig
180 ml Schlagsahne
2 EL Butter

Den Ofen auf 180 °C vorheizen. In einer großen Schüssel Honig und Eier verschlagen, bis eine hellgoldene Mischung entstanden ist. Lavendel und Hagebutten unterheben, dann Mehl, Backpulver und Salz. Wenn ein gebundener Teig entstanden ist, die getrockneten Beeren und die Nüsse einarbeiten. Den Teig in drei Stücke teilen und auf einem mit Backpapier ausgelegten Backblech zu drei Laiben formen, etwa 8 Zentimeter breit und 17 Zentimeter lang. Sie sollten nicht höher als 2,5 Zentimeter sein. Für 20 Minuten in den Ofen schieben, bis sie gerade zu bräunen beginnen und sich etwas fester anfühlen. Aus dem Ofen nehmen und 10 Minuten abkühlen lassen. Den Ofen auf 135 °C herunterschalten. Die Laibe diagonal in 1 Zentimeter breite Streifen schneiden und diese wieder auf das Backblech legen.

12 weitere Minuten backen, dann umdrehen und noch einmal 12 Minuten backen. Das Äußere sollte gerade ein bisschen knusprig sein.

Honig und Sahne in einen Topf geben und aufkochen. Dabei gelegentlich rühren. Weiter einkochen, bis sich aus der Mischung eine weiche Kugel formen lässt und das Zuckerthermometer 120 °C anzeigt. Den Topf vom Herd nehmen und sofort die Butter unterrühren. Solange rühren, bis die Butter komplett geschmolzen und eingearbeitet ist. Noch warm über die gebackenen und abgekühlten Honigkuchen träufeln.

Hirschhornsalz ist ein Vorläufer des Backpulvers und wurde wortwörtlich aus Geweihen gemacht.

Wegebrot

ERGIBT **ETWA 20 STÜCK** · VORBEREITUNG: **10 MINUTEN** · BACKEN: **20 MINUTEN**

Eines der ungewöhnlicheren Rezepte der Sammlung. Dieses Brot scheint für Reisen gedacht zu sein, die Zutaten sind sehr nährstoffhaltig. Der Geschmack ist ziemlich einzigartig: Holunderblüte, Honig und Thymian. Die Süße und die Würze verbinden sich miteinander zu einem subtilen Aroma. Das Wegebrot ist sättigend und zugleich sehr verführerisch.

ZUTATEN

115 g Butter
150 g Honig
2 TL getrocknete Holunderblüten
1–2 TL frischer Thymian, gehackt
240 g Allzweckmehl
75 g Haferflocken
60 g Nussmehl, etwa Kastanie, Haselnuss, Eichel oder Mandel
60 ml warmes Wasser
ungefähr 20 frische, große Blätter
Gras oder Garn, zum Zusammenbinden

Den Ofen auf 150 °C vorheizen. Butter und Honig in einer großen Schüssel verschlagen, bis eine lockere und luftige Masse entstanden ist. Holunderblüten und Thymian dazugeben und einarbeiten. Nach und nach sämtliches Mehl und Haferflocken hinzugeben und gründlich unterheben. Immer wieder Wasser dazugeben, bis der Teig fest und nicht zu krümelig ist. Wenn der Teig zu fest wird, um ihn zu rühren, einfach mit der Hand weiterarbeiten.

Den Teig 1 Zentimeter dick auf einem mit Backpapier ausgelegten Backblech ausrollen. Für 20 Minuten in den Ofen schieben und goldbraun backen. Das Wegebrot in quadratische Stücke schneiden, solange es noch warm ist. Abkühlen lassen, dann in frische Blätter wickeln und mit Gras oder Garn zusammenbinden.

WALD-TRANK

ERGIBT **ETWA 1 TASSE** · VORBEREITUNG: **30 MINUTEN**

ZUTATEN

HELLE VARIANTE

1,5 l Wasser
½ Tasse lose Blätter grüner oder weißer Tee
½ Zweig frischer Rosmarin
3 Minzblätter
2 EL Kamille
1 EL Rosenblätter
viel Eis

ERDIGE VARIANTE

1,5 l Wasser
4 Teebeutel (zweimal Earl Grey, zweimal ein anderer schwarzer Tee)
1 Thymianzweig
1 EL Heideblüten
1 TL mit Torffeuer geräucherte Gerste
viel Eis (mindestens 6 Eiswürfelbehälter)

Beide Varianten dieses Tranks sind geschmacklich einfach einzigartig. Bestimmte Aromen sind anderswoher vertraut, präsentieren sich aber auf völlig neue Art und Weise. Obwohl sie auf Tee basieren, sind die Tränke am Ende so klar wie Wasser.

Wenngleich sie einen wohl nicht wachsen lassen, so sind sie doch eine ganz wundervolle Labsal und lassen Erinnerungen an kühle Wälder und eine frische Brise aufkommen.

Alle Zutaten in einem großen Topf mit Deckel vermengen. Leicht erwärmen. Eine hitzebeständige Schüssel in die Mitte des Topfes stellen, dabei darauf achten, dass die Schüssel hoch genug ist, um über der Wasserlinie zu bleiben. Den Topfdeckel umdrehen und auf den Topf legen. So schlägt sich der Wasserdampf am Deckel nieder und sammelt sich in der Schüssel. Den Deckel mit Eis bedecken und das Wasser köcheln lassen. Die erste Version sollte gekühlt serviert werden, die zweite bei Zimmertemperatur.

Apfelbier

ERGIBT **ETWA 3,5 LITER** · VORBEREITUNG: **1 STUNDE** · FERMENTIEREN: **MINDESTENS 1 MONAT**

Dieses Bier hat einen ungewöhnlichen Geschmack. Das Apfelaroma ist da, was eine gewisse Süße erwarten lässt. Aber es ist ein Bier und deshalb entschieden bierig. Beim Einschenken sprudelt es ziemlich, aber die Schaumkrone fällt schnell zusammen, und am Boden des Glases setzt sich das Malzsediment ab. Das Apfelbier schmeckt leicht säuerlich und ist etwas dickflüssig.

ZUTATEN

- 3,5 l süßer Apfelwein
- 1 kg leicht geröstetes Braumalz
- 1,5 l Wasser
- 6 g Hopfen
- 1 TL Irish Moss (optional)
- 1 EL Bierhefe

Den Apfelwein auf 65 °C vorheizen und Malz hinzugeben, am besten in einem Filterbeutel. Bei konstanter Temperatur 45–60 Minuten einweichen lassen, dann den Filterbeutel herausnehmen und so viel Flüssigkeit wie möglich ausdrücken.

Die Körner mit 1,5 Liter kochendem Wasser spülen und ein weiteres Mal die Flüssigkeit herausdrücken. Die Flüssigkeit aufbewahren und das verbrauchte Malz wegwerfen.

Die Flüssigkeit 30 Minuten lang kochen lassen und gegen Ende Hopfen und Irish Moss dazugeben. Abgießen und abkühlen lassen, anschließend in eine Ballonflasche füllen. Nach dem Abkühlen die Hefe dazugeben und die Flasche luftdicht verschließen. Ein, zwei Monate lang fermentieren lassen, dann servieren. Das Bier hält sich nach dem Abfüllen nicht gut, also am besten direkt aus der Vorratskammer genießen.

Met der Pferdeherren

ERGIBT **ETWA 3,5 LITER** · VORBEREITUNG: **1 STUNDE** · FERMENTIEREN: **3–4 MONATE**
REIFEN: **MINDESTENS 2 MONATE**

ZUTATEN

60 g Preiselbeeren
1 gehäufter EL Schachtelhalmkraut
(auch bekannt als Pferdeschweifkraut)
½ EL Echter Alant
(als Pferdeheilmittel bekannt)
1 TL Ashwagandha
(zu Deutsch etwa „Geruch des Pferdes")
2 EL Lindenblüten
¼ Tasse getrocknete Kleeblüten
2 gehäufte EL Mädesüß
1,3 kg Honig
2 l Wasser
1 EL Bierhefe

Ein seltsames Braurezept. Schaut man sich die vielen Zutaten mit Bezug zu Pferden an, so wird man das Gefühl nicht los, dass es aus einer Kultur stammt, die ihren Pferden große Bedeutung beimaß. Das daraus resultierende Getränk ist mittelmäßig süß, einzigartig im Geschmack und hat eine angenehme Pferdenote.

Preiselbeeren in einen Teebeutel geben, um sie von den Kräutern getrennt zu halten und später leichter wieder entfernen zu können. Alle Kräuter und den Honig in einem großen Topf mit 2 Liter Wasser verrühren. Bei niedriger Hitze 15 Minuten lang erwärmen, bis sich der Honig aufgelöst hat. Die Beeren herausnehmen und die Flüssigkeit in eine Ballonflasche abgießen. Nach dem Abkühlen die Hefe dazugeben, die Beeren wieder hinzufügen und drei bis vier Monate fermentieren lassen. Wenn nötig in eine saubere Flasche abseihen, damit kein Sediment zurückbleibt. Mit angemessener Sorgfalt abfüllen und mindestens zwei weitere Monate reifen lassen.

WEISSER ELBENMET

ERGIBT ETWA 3,5 LITER · VORBEREITUNG: 1 STUNDE · FERMENTIEREN: 3–4 MONATE
REIFEN: MINDESTENS 1 MONAT

Was diesen Met wirklich einzigartig macht, ist, dass gleich zu Anfang des Brauprozesses ein Eiweiß mit der Bierwürze verkocht wird. Das Ergebnis ist ein sehr hübsches und kristallklares Getränk, das nach Kräutern und Blumen schmeckt und eine unerwartete Komplexität aufweist.

ZUTATEN

1,5 kg Honig
3,5 l Wasser
1 Eiweiß
je 3 EL Zitronenmelisseblätter und Ysop
je 2 EL Kleeblüten, Lindenblüten, getrocknete Hagebutten, Majoran
je 1 EL Thymian, Hopfen
1 gehäufte Tasse getrocknete Holunderblüten
1 TL Bierhefe
100 g gehackte helle Rosinen

Den Honig mit dem Wasser verrühren. Unter Rühren aufkochen und dabei darauf achten, dass der Honig nicht am Topfboden festklebt und anbrennt. Das verschlagene Eiweiß unter Rühren hinzugeben. Das Eiweiß sollte sich beim Kochen an der Oberfläche absetzen und die Trübstoffe des Honigs binden. Alles, was an der Oberfläche treibt, abschöpfen.

Die Kräuter in 2,5 Liter des gesüßten Wassers 15 Minuten lang köcheln lassen, dann den Topf vom Herd nehmen und weitere 15 Minuten ruhen lassen. Die Flüssigkeit abgießen und etwas abkühlen lassen. In eine Ballonflasche füllen und die Hefe und die Rosinen hineingeben, wenn die Flüssigkeit kühl genug ist. Den Met fermentieren lassen, mit gebührender Sorgfalt abfüllen und mindestens einen Monat reifen lassen.

Apfelgelee

ERGIBT **ETWA 1,25 KG** · VORBEREITUNG: **20 MINUTEN** · KOCHEN: **45 MINUTEN ODER LÄNGER**

Hiermit bekommt man ein Gelee, das einem all die Güte der Herbsternte auf die Zunge zaubert, und es könnte nicht einfacher herzustellen sein. Das Ergebnis ist herrlich süß und aromatisch.

ZUTATEN

24 Äpfel oder 1,5 l junger Apfelwein
Zimt oder Ingwer (optional)
900 g Honig

Die Äpfel entkernen, schälen und vierteln. Äpfel mit den Gewürzen (falls sie verwendet werden) erhitzen, bis sie zu Mus zerfallen. Den Saft abgießen, auffangen und wiegen. Auf 240 Milliliter Saft kommt je 150 Gramm Honig. Aufkochen, bis 100 °C erreicht sind oder bis die Mischung auf einem kalten Teller zu gelieren beginnt.

Entweder sorgfältig konservieren oder gekühlt innerhalb von 2 Wochen verbrauchen.

Himbeer-Marmelade

ERGIBT **ETWA 500 GRAMM** · VORBEREITUNG: **5 MINUTEN** · KOCHEN: **20 MINUTEN**

Diese einfache Marmelade passt perfekt zu Scones mit Clotted Cream. Sie ist nicht zu süß, und der Beerengeschmack wird durch die Zitronenmelisse schön abgerundet.

ZUTATEN

340 g Himbeeren
225 g Zucker
2 EL Zitronenmelisse, in feine Streifen geschnitten

Himbeeren, Zucker und Zitronenmelisse in einen kleinen Topf geben und bei mittlerer Hitze vorsichtig erwärmen. Die Beeren am Rand des Topfes zerdrücken und das Ganze 15 Minuten köcheln lassen, bis sich der Zucker vollständig aufgelöst hat. Wer die Samen nicht so gern in seiner Marmelade haben möchte, kann die Marmelade auch durch ein Sieb streichen und das Fruchtfleisch wieder in den Topf geben.

Aufkochen, bis 100 °C erreicht sind, dann vom Herd nehmen. Entweder sorgfältig konservieren oder gekühlt innerhalb von 2 Wochen verbrauchen.

KRÄUTERBUTTER

ERGIBT ETWA 250 GRAMM · VORBEREITUNG: 15 MINUTEN

Mit Kräuterbutter lässt sich fast jedes Gericht ein bisschen herausputzen, aber einen besonders guten Eindruck macht die Butter, wenn man sie glänzen lässt, zum Beispiel auf einer Scheibe Toast.

ZUTATEN

- ½ Tasse frische Kräuter, ganz
- 500 ml kochendes Wasser
- 1 Prise Salz
- 250 g Butter, weich

Die Kräuter in eine mittelgroße hitzebeständige Schüssel geben und das kochende Wasser darübergießen. Dieses Blanchieren hilft, die schöne grüne Farbe zu erhalten. Mit einer Gabel die Kräuter behutsam aus der Schüssel fischen und mit einem Papiertuch trocken tupfen.

Wenn die Kräuter abgekühlt sind, die Blätter abzupfen und sehr dünn schneiden. Mit einem Löffel oder einer Gabel die Kräuter und das Salz nach und nach in die weiche Butter einarbeiten. Ist alles gleichmäßig verteilt, das Ganze zu einem Laib formen. Entweder im Kühlschrank aufbewahren und bald verbrauchen oder in Wachspapier einwickeln und in einem Gefrierbeutel einfrieren, um die Butter später zu genießen. In dem Fall einfach ein Stück Butter von dem Laib abschneiden und Raumtemperatur annehmen lassen.

Hinweis: Beinahe alle Kräuter lassen sich prima für die Butter verwenden, meine persönlichen Favoriten sind aber Thymian, Bohnenkraut, Salbei und Dill. Wer zu den Glücklichen gehört, die im Frühling wilden Bärlauch sammeln können, sollte das unbedingt tun, denn damit lässt sich die vielleicht beste Kräuterbutter überhaupt machen. Schalotten, Kapern und andere Zutaten mit kräftigem Geschmack können ebenfalls verwendet werden. Hier heißt es: Ausprobieren!

Über Inspirationen

Um dieses Kochbuch zu verfassen, habe ich der Recherche der Rezepte viel Zeit und Mühe gewidmet. Einige sind von J. R. R. Tolkiens Werken inspiriert, andere basieren auf beliebten Rezepten aus der Epoche und der Region, die Vorbild für das Auenland waren: dem ländlichen England der späten 1890er-Jahre.

Wenn möglich, habe ich mich an historischen Rezepten orientiert, besonders an denen, die ich in Mrs. Beeton's Book of Household Management *gefunden habe, das im Jahr 1861 veröffentlicht wurde. Darüber hinaus habe ich traditionelle Rezepte der Regionen studiert, in denen Tolkien gelebt und gearbeitet hat. Bei jedem Rezept habe ich versucht, auch mögliche Handelsrouten, die Epoche, die Kultur, das Klima und eine Reihe weitere Faktoren mit in Betracht zu ziehen.*

Danksagung

Brent, wie immer, für seine unermüdlichen Ermutigungen und seine Geduld.

INDEX

Topfgerichte

Beilagen, Snacks und kleinere Gerichte

Hauptgerichte

Süßes

Aufstriche und Soßen

Getränke